Arena-Taschenbuch
Band 2442

KNISTER,
geboren 1952, lebt in Wesel.
KNISTER schreibt Bücher, macht Musikkassetten und CD-ROMs.
Verrückt, lustig und spannend. Immer!
Lieblingsfarbe: BUNT.
Lieblingsessen: Spagetti zu jeder Tageszeit.
Hobby: In einer Rockband spielen.
Sternzeichen: Frosch oder so ähnlich.

Dagmar Binder
studierte Soziologie und Psychologie in Frankfurt. Sie ist Redakteurin einer Kinderzeitschrift und hat einen Sohn.

Birgit Rieger
lebt und arbeitet in Berlin. Als freischaffende Grafikerin gestaltet und illustriert sie Bücher für Kinder und Jugendliche.

KNISTER

Hexe Lillis PARTYZAUBER

Tolle Ideen für Kinderfeste

Konzeption von Dagmar Binder

Mit Illustrationen von Birgit Rieger

Arena

Von KNISTER sind als Arena-Taschenbuch erschienen:
Hexe Lillis großes Geheimnis.
Die spannendsten Abenteuer für den Unterricht (Band 2298)
Lilli the witch at Vampire Castle (Band 2425)
Lilli the witch – Trouble at school (Band2850)
Teppichpiloten. Turboschnelle Abenteuer (Band 2088)
Teppichpiloten jagen durch die Zeiten (Band 2089)
Willi Wirsing (Band 1935)
Die Sockensuchmaschine (Band 2064)
Der Krimi vom Weihnachtsmann (Band 2175)
Die Reiter des eisernen Drachen (Band 2378)

Ab September 2005 erhältlich:
Wer verflixt ist Yoko (Band 2313)
Yoko mischt die Schule auf (Band 2314)
Yoko und die Gruselnacht im Klassenzimmer (Band 2315)

In neuer Rechtschreibung

1. Auflage als Arena-Taschenbuch 2005

Konzept: Dagmar Binder
Umschlag- und Innenillustrationen: Birgit Rieger
Gesamtherstellung: Westermann Druck Zwickau GmbH
ISSN 0518-4002
ISBN 3-401-02442-6

www.arena-verlag.de

WAS IST WO?

* Einladungen zum Kopieren
* alles über Deko, Kostüme + Schminke
* Spiele, Spiele, Spiele
* und leckere Snacks + Drinks

HALLO!

Das ist Lilli.

Sie ist ungefähr so alt wie du und sieht aus wie ein ganz gewöhnliches Kind. Das ist sie aber nicht, denn sie hat ein Hexenbuch. Und mit diesem Hexenbuch hat sie schon die verrücktesten Abenteuer erlebt.

Das ist Leon,

Lillis Bruder. Leon ist noch ziemlich klein, aber er geht Lilli manchmal ganz schön auf die Nerven.

Vielleicht kennst du die zwei aus den verschiedenen Hexe-Lilli-Büchern. Dort sind sie nämlich die absoluten Hauptpersonen.

Wenn du Lilli und Leon kennst, kennst du mich auch. Vielleicht nicht direkt, aber ich habe mir die Geschichten von den beiden für dich ausgedacht. Ich erfinde Geschichten und Lieder, aus denen dann Bücher, Cds und Kassetten gemacht werden. Das ist mein Beruf. Vorher hatte ich allerdings einen anderen Beruf. Ich war Diplomfestgestalter. Das glaubst du nicht? Okay, ich war Diplomsozialpädagoge – aber das ist fast dasselbe. Weil ich nämlich schon immer verrückte Ideen hatte, musste ich überall die Feste und Partys gestalten: in der Schule, im Kindergarten und im Kinderheim. Was liegt da näher, als aus den vielen tollen Festideen ein Buch zu machen?

Dabei haben mir Dagmar Binder und Birgit Rieger geholfen. Dagmar Binder weiß fast alles über Partys und kennt jede Menge Spiele. Birgit Rieger hat das Buch gestaltet und illustriert.
Hexe Lilli hat natürlich auch mitgemacht. Sie führt dich durch das Buch und erzählt dir, worauf es bei einer echten Hexe-Lilli-Party ankommt.
Bevor es losgeht, noch ein Tipp: Such dir einen Erwachsenen, der dir bei deiner Feier hilft. Wenn ihr gemeinsam die Einleitungsgeschichten zu den Partys lest, fällt es dir sicher leicht, dich für eine zu entscheiden.

Viel Spaß wünscht KNISTER.

Hexe Lillis spannende Detektivparty

Ich habe schon so manchen Kriminalfall gelöst. Dabei war mir neben dem Hexenbuch auch meine gute Spürnase eine große Hilfe. Nicht ohne Grund werden gute Detektive in Gangsterkreisen Schnüffler genannt.

Manchmal kommt es zu einem Geheimtreffen der besten Spürnasen. Vielleicht hast du Lust, so ein Treffen zu organisieren. Lade deine Freunde und Freundinnen ein und löse mit ihnen schwierige Kriminalfälle. Sie sollten aber älter sein als Leon und seine Pampersrockerbande. Die würden sich wahrscheinlich vor Aufregung nur in die Hosen machen. Damit sich wirklich nur Kriminalspezialisten auf deiner Party einfinden, müssen sie zuerst einen Test bestehen. Wie der aussieht? Ganz einfach: Deine Einladung ist in Geheimschrift geschrieben. Wer die nicht entziffern kann, wird nicht herausbekommen, wann und wo das Geheimtreffen startet. So jemand hat also dort auch nichts verloren. Ich wünsche euch spannende Stunden und hoffe, daß ihr keine kugelsicheren Westen braucht.

Hinweis zum Verschlüsseln:
Deinen Text um jeweils einen Buchstaben im Alphabet zurückversetzen, Zahlenangaben verdoppeln und alles in die Leerstellen eintragen.

Vorladung

Liebe Freundinnen und Freunde der Kriminalistik!
Komme alleine nicht weiter. Brauche eure Hilfe
zum Feiern meines Geburtstages und
zur Lösung rätselhafter Kriminalfälle.
Echte kriminalistische Geburtstagsfeier
um .... Uhr, am .... in
meinem Office ....!
Sagt Eurem Boss, dass alle Fälle
spätestens um .... Uhr gelöst sind.

(Nachfolgenden Text um einen Buchstaben vorrücken.)

Ztr Rhbgdqgdhsrfqtdmcdm chd vdhsdqdm Zmfzadm
hl Fdgdhlbncd: Vdmm ct Szf, Lnmzs tmc Izgq ctqbg
yvdh sdhkrs, vdhrrs ct, vzmm dr knrfdgs.
Ahssd chdrdr dmsrbgktdrrdksd Rbgqdhadm zkr
Advdhrrstdbj ytq Edhdq lhsaqhmfdm!

Unterschrift ....

Deko, Kostüme + Schminke

Alle Partygäste tragen Sonnenbrillen, Handschuhe, Hüte und falsche Schnurrbärte. (Damit sie inkognito bleiben.)

Die Tischdecke ist mit Spielgeldscheinen und Fingerabdrücken dekoriert und in die Geburtstagstorte wurde eine Feile eingebacken.

Alle haben den typischen Detektivgang drauf, mit federnden Knien, eingezogenem Hals und wachsamem Blick.

Alarmanlage

* Schnur
* leere Blechdosen

Hängt eine Schnur mit leeren Blechdosen an die Türklinke, sobald alle Gäste eingetroffen sind. Diese Alarmanlage warnt euch vor erwachsenen Schnüfflern.

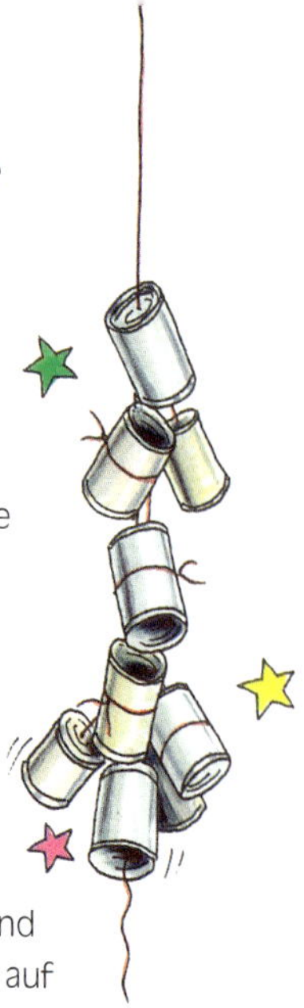

Schnurrbärte

* dunkle Wolle
* doppelseitiges Klebeband

Einfach kurze Wollstücke auf eine Seite des Klebebandes aufdrücken – fertig ist der falsche Schnurrbart. Ihr könnt ihn aber auch einfach aufmalen.

Spiele, Spiele, Spiele

Detektiv-Rallye

Richtige Detektive sind häufig unterwegs, einem geheimnisvollen Fall auf der Spur. Dafür verlasst ihr euer Office und veranstaltet eine Detektiv-Rallye im Freien. Die macht viel Spaß und ist ein guter Test für Superspürnasen.

Eine Vorbereitungsgruppe (das können auch die Eltern sein) plant die Rallye. Am Start bekommt jede Spielgruppe (zwei bis drei Kinder) einen verschlossenen Umschlag. Darin ist die Fallbeschreibung. Für die Lösung hat jede Gruppe bis zu zwei Stunden Zeit. Die Vorbereitungsgruppe wertet später die Ergebnisse aus.

Hier ein Beispiel für eine Fallbeschreibung.

1. Lauft die Wilhelmstraße in Richtung Sonnenuntergang. Biegt nach fünf Laternen ab. An der Ecke ist ein Reisebüro. *In welches Land könnt ihr für 370 fliegen?......*

2. Geht diese Straße bis zum dritten Gullydeckel. *Die Straße ist nach einem Dichter benannt. Er heißt ...... Schreibt einen Buchtitel von ihm auf (ihr könnt Passanten danach fragen)......*

3. Überquert die Straße. *Welche Hausnummer hat das Haus, vor dem ihr jetzt steht?......*

4. Geht in die Richtung, in der die Hausnummern kleiner werden. Ihr kommt an ein altes Haus, es ist rosa gestrichen und hat drei Türmchen. *In welchem Jahr ist es erbaut worden?......*

5. Biegt hier in die Seitenstraße ab. Die Straße ist nach den Bäumen benannt, die hier stehen. *Bringt ein Blatt mit. Es ist ein ......blatt.*

6. Am dritten Baum hängt ein Zettel. Er verrät euch, in welche Straße ihr jetzt gehen müsst.

7. In dieser Straße trefft ihr auf ein kleines Haus. Es ist gelb und hat große Fenster. Drinnen auf einem Tisch findet ihr ein Buch. *Schlagt nach auf Seite 34. Welcher Name steht in der 40. Zeile?......*

8. An dem kleinen gelben Haus hängt ein Werbeplakat der Firma ...... Das Geschäft ist zwei Straßen weiter. *Fragt im Geschäft, was der billigste Artikel ist, den es dort zu kaufen gibt. Er kostet......*

9. Verlasst das Geschäft und wendet euch nach rechts. *Was seht ihr am Ende der Straße?......*

10. Biegt zweimal links ab, dann kommt ihr wieder zum Ausgangspunkt.

Spiele, Spiele, Spiele

Der Zeitungs-Spion

✶ Zeitung mit Gucklöchern

Spione und Detektive sind immer im Einsatz. Sie beobachten alles und jeden und versuchen dabei selbst unsichtbar zu bleiben.

Während die Gäste am Tisch sitzen und Geheim-Törtchen verspeisen, versteckt sich der Spion hinter seiner Zeitung. Durch die Gucklöcher beobachtet er die anderen Kinder. Das ist gar nicht so einfach. Er muss die Zeitung dabei immer hin- und herdrehen. Erwischt er ein Kind dabei, wie es sich ein neues Törtchen nimmt, muss es das Törtchen zurücklegen.

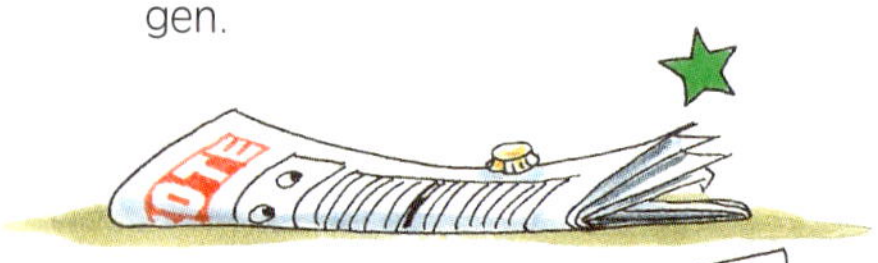

Wanzen verstecken

✶ 10 Kronkorken
✶ Knete oder Teppichklebeband
✶ Streichhölzer

Füllt die Kronkorken mit Knete oder klebt ein Stück beidseitig klebendes Klebeband auf die glatte Seite. Knobelt mit verschieden langen Streichhölzern. Wer das kürzeste Streichholz gezogen hat, versteckt die Wanzen. Die Detektive haben fünf Minuten Zeit, die Wanzen zu finden.

Das Mörderspiel

✶ Zettel
✶ Stift

Für dieses Spiel braucht ihr einen Raum, den ihr verdunkeln könnt, und so viele Zettel, wie ihr Kinder seid. Schreibt auf einen Zettel »Mörder« und auf einen zweiten »Detektiv«. Auf die anderen Zettel malt ihr einfach Kreuzchen. Jeder zieht einen Zettel. Der Detektiv stellt sich neben den Lichtschalter und löscht das Licht. Die anderen Kinder laufen im dunklen Zimmer umher. Wenn der Mörder einem Kind die Hand auf die Schulter legt, schreit es auf und fällt zu Boden. Alle erstarren.

Der Detektiv macht das Licht wieder an. Er betrachtet die Szene genau und versucht sich an verdächtige Geräusche zu erinnern: »XY ist der Mörder!« Ist die Vermutung falsch, löscht der Detektiv das Licht wieder und wartet auf den nächsten »Mord«.

Spiele, Spiele, Spiele

Was hat sich verändert?

✶ wie bei »Seid ihr im Bilde?«

Die Detektive prägen sich die aufgebaute Szene noch einmal ein. Dann verlassen sie den Raum. Der Kommissar verändert fünf Dinge. Welcher Detektiv hat gut aufgepasst?

Seid ihr im Bilde?

✶ Spielzeugautos und -puppen
✶ bemalte Pappkartons
✶ ein Tuch

Wählt einen »Kommissar«. Er baut mit Spielzeug, kleinen Puppen und Pappkartons eine Straßenszene auf. Dann deckt er alles mit einem Tuch zu.

Der Kommissar hebt das Tuch kurz hoch, damit sich die Detektive die Szene einprägen können. Dann stellt er seine Fragen, z. B.: Welche Farbe hat das Auto vor dem großen Baum? Die Detektive müssen ihre Antworten aufschreiben. Wer ist am besten im Bilde?

Das Verhör

✶ ein Schatz (z. B. Modeschmuck)

Wählt einen Detektiv aus (z. B. durch Würfeln). Die anderen Kinder sind die Diebe. Sie haben einen wertvollen Schatz gestohlen. Der Detektiv muss herausbekommen, wo im Raum der Schatz versteckt ist. Er darf den Dieben aber nur zehn Fragen stellen. Deshalb überlegt er sich die Fragen genau. Ist der Schatz unter der Erde? . . . in einem anderen Gegenstand? . . . am Körper versteckt?

Leckere Snacks + Drinks

Geheim-Törtchen

Für 8 Personen:

- ✶ 1 großes Ei
- ✶ 4 Esslöffel Honig
- ✶ 65 g Butter (ca. 1/4 eines Butterstücks)
- ✶ 1/2 Teelöffel Zimt
- ✶ 75 g Vollkornmehl
- ✶ Kirschen (frisch oder eingemacht)
- ✶ 16 Backförmchen aus Papier

Schlage Ei und Honig mit dem Schneebesen des Handrührers schaumig. Gib die weiche Butter in kleinen Stücken dazu und verrühre sie. Füge Zimt und Mehl hinzu und vermische alles.

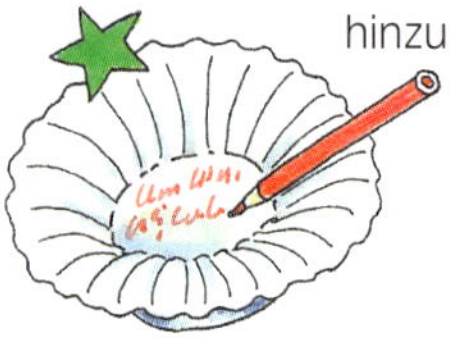

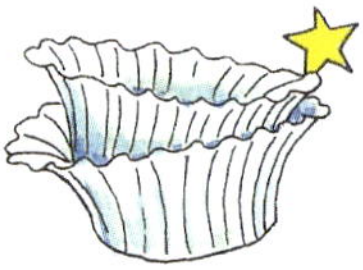

Schreibe auf ein Papier-Backförmchen eine geheime Botschaft. Stecke immer zwei Backförmchen ineinander. Gib einen Esslöffel Teig hinein. Drücke vier bis fünf Kirschen in den Teig. Backe die Törtchen im vorgeheizten Backofen bei 180 Grad/Gas Stufe 3.

Cappuccino Bambino

Pro Tasse:

- ✶ 1 Teelöffel Malzkaffee
- ✶ heißes Wasser
- ✶ Sahne
- ✶ Kakaopulver

Gib den Malzkaffee in die Tasse und gieße das heiße Wasser dazu. Setze einen Löffel geschlagene Sahne auf den Kaffee und streue Kakaopulver darüber.

Leckere Snacks + Drinks

Mafiosi-Pizzen

Bei 8 Personen brauchst du
für den Teig:
- ✶ 400 g Mehl
- ✶ 1 Päckchen Trockenhefe
- ✶ 1 Teelöffel Salz
- ✶ 1 Teelöffel Zucker
- ✶ 4 Esslöffel Öl
- ✶ 0,2 l Wasser

für den Belag:
- ✶ 1 große Dose Pizzatomaten
- ✶ 200 g geriebener Käse
- ✶ 100 g Salami
- ✶ 1 Paprikaschote
- ✶ 1 Karotte

Mische Mehl, Trockenhefe und Salz in einer Schüssel. Gib Öl und Wasser hinzu. Verknete alles mit einem elektrischen Handrührgerät. Nimm den Teig aus der Schüssel und forme mit den Händen eine Kugel daraus. Lege den Teig zurück in die Schüssel, decke ein Tuch darüber und warte, bis er doppelt so groß geworden ist. (Das dauert ½ bis eine Stunde.)

Teile den aufgegangenen Teig in acht Kugeln. Rolle sie mit einem Nudelholz rund aus. Lege ein Backblech mit Backpapier aus und lege die Pizzen darauf. Verteile die Pizzatomaten auf dem Teig. Lege die Salamischeiben darauf. Streue den Käse darüber. Schneide die Karotten in Scheiben (Augen) und die Paprika in Streifen und kleine Stückchen (Mund, Nase und Augenbrauen). Lege aus den Gemüsestückchen Gesichter auf die Pizzen. Backe die Pizzen 15 Minuten bei 220 Grad.

Hexe Lillis gruselige Hexenparty

Damit alle Hexenfans zu deiner Party kommen, habe ich eine echt hexige Einladung vorbereitet. Aber: Langweiler und Angsthasen haben auf der Hexenparty nichts zu suchen.
Ihnen könnte es passieren, dass sie als Kröte das Fest verlassen (falls sie nicht schon bei der Begrüßung in einen Regenwurm verwandelt wurden).
Wenn jemand nicht zur Party kommen darf, weil irgendwelche Eltern behaupten, dass es keine Hexen gibt – Mein Tipp: Den ungläubigen Eltern einfach das Bild auf der Einladung zeigen. Entweder sie ändern ihre Meinung oder sie starren so lange auf das Bild, bis sie versteinert sind. Ich habe es übrigens aus meinem echten Hexenbuch fotokopiert. Du solltest es auch nicht zu lange anschauen. Sonst ergeht es dir wie Hexorina Plumperzock, die heute als Freiheitsstatue in New York steht.

Einladung zur Hexenparty

Hexenfreunde aufgepasst,
weil ihr sonst mein Fest verpasst!
Hasenfurz und Spinnenbein,
am .... soll es sein.
Eltern sind doch oft ein Graus,
darum lasst sie bloß zu Haus.
Mit Hexenkraft könnt ihr sie zwingen
euch um .... Uhr zu bringen.
Drachentränen, Böllerschuss,
um .... Uhr ist Hexenschluss.
Krötenpisse, Drachenblut,
dieses Fest wird hexisch gut.

Deko, Kostüme + Schminke

Damit sich Hexen, Hexer, Höllenwesen und andere lichtscheue Wesen bei dir einfinden, hänge rote Tücher und rote Folie über alle Lampen. So ist deine Hexenhöhle ins rechte Licht getaucht. Empfange deine Gäste mit schaurigem Gelächter vom Kassettenrekorder. (Hast du vorher im Badezimmer aufgenommen.)

Hexenschminktipps

Lieblingsschminke der Hexen ist der Ruß verkohlter Bisamratten. Normaler Ruß von einer Kerzenflamme, die unter einen Teller gehalten wird, tut's aber auch. Hexen mögen es aber nicht nur schwarz. Deshalb weiße oder bunte Schminke nicht vergessen. Schwarzer Nagellack, Kajalstift und Lakritzbandohrringe runden das Outfit der modernen Hexe ab. Merke: Sieht die Hex zum Kotzen aus, kommt Stimmung in das Hexenhaus!

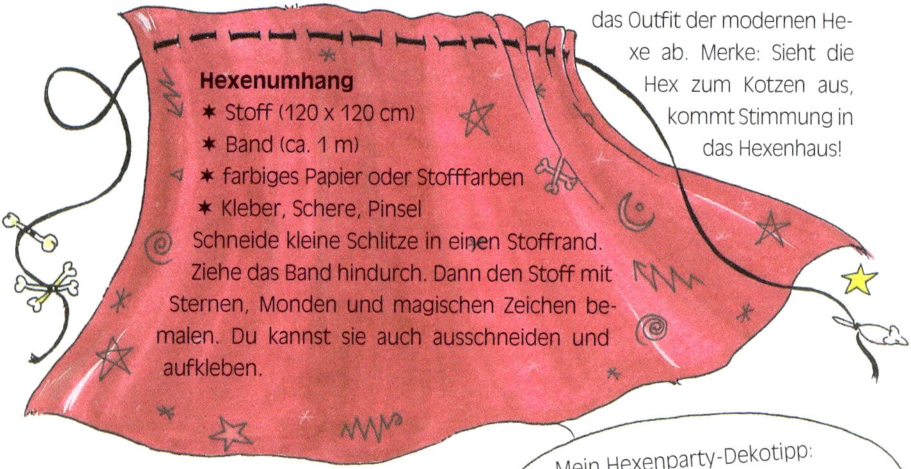

Hexenumhang

- ✶ Stoff (120 x 120 cm)
- ✶ Band (ca. 1 m)
- ✶ farbiges Papier oder Stofffarben
- ✶ Kleber, Schere, Pinsel

Schneide kleine Schlitze in einen Stoffrand. Ziehe das Band hindurch. Dann den Stoff mit Sternen, Monden und magischen Zeichen bemalen. Du kannst sie auch ausschneiden und aufkleben.

Magischer Schmuck

Gesäuberte Knochen von Brathähnchen auf eine Schnur aufgezogen und als Gürtel, Kette oder Halsband verwendet, sehen shocking aus und locken Geister und Unwesen an. Wer keine Vampire mag, reibt Knoblauchzwiebeln und Porreestangen auf. Übrigens, karibische Hexen bevorzugen Bananengürtel. (Sollen auch gut gegen den kleinen Hunger zwischendurch sein!)

Deko, Kostüme + Schminke

Hexenhut

- Filz:
  1 Stück 40 x 80 cm
  2 Stück 40 x 40 cm
- Tapetenkleister

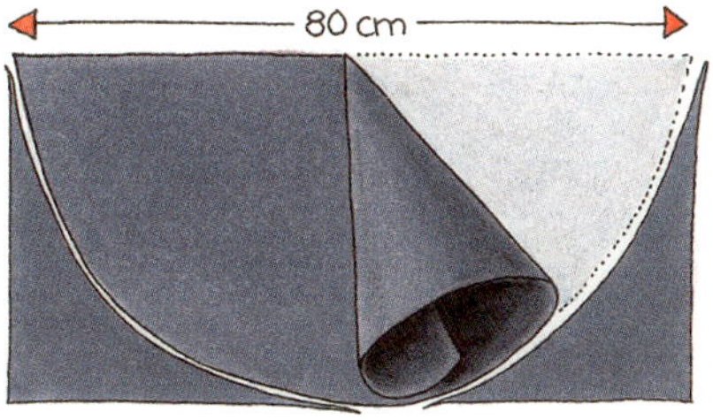

Schneide das 40 x 80 cm große Stück zu einem Halbkreis. Bestreiche es mit Tapetenkleister und rolle es zu einer Tüte. Lasse es gut durchtrocknen.

Lege die zwei 40 x 40 cm großen Stücke Filz übereinander und schneide sie kreisrund aus. Schneide in einen Kreis ein Loch, so groß wie der Durchmesser der Tüte, in den anderen einen Kreis, der 4 cm kleiner ist. Schneide das kleine Loch sternförmig ein. Klebe die Tüte daran fest. Streiche den zweiten Filzkreis mit dickem Tapetenkleister ein und drücke ihn an der Hutkrempe fest.

TIPP: So macht man einen schönen, runden Kreis: Eine Schnur um einen Stift wickeln und dort festhalten. Am Lineal den halben Durchmesser abmessen und dann einen Kreis schlagen.

Hexenhaare

- Wollfäden
- oder Osterhasengras
- Klebestreifen

Wolle oder Ostergras auf einem Klebestreifen fest drücken und in den Hut kleben. Mit einem zweiten Klebestreifen sichern.

Spiele, Spiele, Spiele

Wenn Hexen hexen

Wählt zwei Hexen aus, während ihr am Tisch sitzt und den Hexenfraß verspeist. Eine ist die Verzauberungshexe, die andere die Entzauberungshexe. Wenn die Verzauberungshexe ruft: »Die Hexe hext!«, müssen alle Kinder das, was sie gerade machen oder sagen, andauernd wiederholen (z. B. die Tasse zum Mund führen). Das machen sie so lange, bis die Entzauberungshexe sie mit ihrem Zauberspruch befreit: »Hexenzauber, eins, zwei, drei, jetzt sind alle wieder frei.«

Magische Leuchtschrift

* Taschenlampe

In einem verdunkelten Raum schreibt der Hexer mit dem Lichtpunkt einer Taschenlampe ein einfaches Wort auf die Wand. Die anderen Hexen müssen versuchen, das Wort zu lesen. Der magische Schreiber wechselt reihum.

Knusper, knusper, Knäuschen . . .

* Wäscheklammern
* Papierfetzen

Eine Hexe bekommt die Augen verbunden. Dann werden mit Wäscheklammern Papierfetzen an ihrer Kleidung befestigt. So tanzt sie durch den Raum. Die anderen versuchen die Papierfetzen abzureißen. Wer dabei gefasst wird, muss ausscheiden.

Versteinern

Wählt eine Oberhexe. Sie versteinert die anderen Hexen, indem sie sie ans Ohr fasst. Die versteinerten Hexen können wieder befreit werden, wenn eine nicht versteinerte Hexe sie ans andere Ohr fasst. Dabei muss sie aber aufpassen, dass sie nicht selbst versteinert wird.

Spiele, Spiele, Spiele

Hexenreiten

✶ zwei Erwachsene (ausnahmsweise)

✶ ein Besen

Die beiden Erwachsenen müssen den Besenstiel halten. Eine Hexe setzt sich auf den Besenstiel. Die Erwachsenen laufen langsam los. Kann sich die Hexe auf dem »fliegenden« Besen halten?

Vogelspinnen-Rennen

✶ für zwei Hexen jeweils ein großes Tuch

Die Hexen krabbeln auf den Knien unter das Tuch.

Eine Oberhexe gibt Kommandos: vorwärts, rückwärts, rechts und links. Die Vogelspinnen setzen sich schnell in Bewegung. Aber Vorsicht! Die Tücher dürfen dabei nicht herunterfallen.

Wahrsagen

✶ eine »magisch dekorierte« Dose

✶ ein flacher Kieselstein

Mit einem dicken Filzstift schreibst du auf eine Kieselsteinseite JA und auf die andere NEIN.

Jeder darf der Wahrsage-Hexe eine Frage stellen. Unter großen Beschwörungen schüttelt sie die Dose und lässt dann alle hineinschauen. Auf diese Weise werden die Fragen mit JA oder NEIN beantwortet. Stellt möglichst lustige Fragen (z. B.: Lutsche ich nachts heimlich am Daumen?). Jeder darf mal Wahrsage-Hexe sein.

Leckere Snacks + Drinks

Hexenfraß
mit Schlabber
für 8 Personen

Für den Fraß:
- ★ 500 g Nudeln (Farfale) (1)
- ★ 1 Paket tiefgekühlte Erbsen (2)
- ★ 1 rote Paprika (3)
- ★ 200 g Fleischwurst (4)

Für den Schlabber:
- ★ 2 Becher saure Sahne (5)
- ★ 1 Teelöffel Senf
- ★ 2 Esslöffel Zitronensaft
- ★ 1 Prise Pfeffer
- ★ 2 Prisen Salz

Lasse die Erbsen auftauen. Koche die Nudeln. Wasche die Paprika. Entferne die Pelle der Fleischwurst. Schneide die Paprika in kleine Streifen und die Wurst in kleine Würfel.
Verrühre die Zutaten für die Soße.
Gib die gekochten Nudeln, die aufgetauten Erbsen, die klein geschnittene Paprika und die Wurstwürfel dazu. Vermische alles gut.

Leckere Snacks + Drinks

Fliegenpilze

Für jedes Kind:

- ✶ 1 Ei
- ✶ 1/2 Tomate
- ✶ Majonäse aus der Tube
- ✶ Kresse

Die Eier zehn Minuten kochen lassen, mit kaltem Wasser abschrecken und abpellen. An einer Seite ein Stück abschneiden, damit das Ei stehen kann.

Auf die Eier setzt du als Hütchen eine halbe entkernte Tomate.

Diesen Fliegenpilz dekorierst du mit »giftigen« Majosprengeln.

Fliegenpilze auf ein Tablett stellen und reichlich Kresse drum herumstreuen.

Hexen-Bowle

- ✶ 2 Flaschen schwarzer Johannisbeersaft
- ✶ 1 Flasche Mineralwasser
- ✶ Weingummiteufelchen
- ✶ Eiswürfelbehälter

Gib in jedes Kästchen einer Eiswürfelform ein Weingummiteufelchen. Gieße die Kästchen mit Wasser auf und lasse alles mindestens vier Stunden im Eisfach gefrieren. Mische den Johannisbeersaft mit dem Mineralwasser in einer Glasschüssel. Gib die Eiswürfel-Teufelchen erst dazu, wenn deine Gäste kommen.

Hexe Lillis wilde Wildwestparty

Du möchtest eine große Wildwestparty feiern? Zusammen mit Pocahontas, Winnetou, Old Schurwoll, Zilli Concarne, mit Indianerinnen und Indianern, Wildwestmännern, Cowgirls, Pistoleros und Greenhorns – okay, lade sie ein!
Leider hat es die Feuerwehr verboten, die Einladung mit Rauchzeichen zu übermitteln. Die Einladung aus diesem Buch hilft dir aber sicher auch weiter. Falls du sie mit der Post verschickst, könntest du dem Bundespostreiter ein paar witzige Sprüche auf den Briefumschlag schreiben, damit er seine Postpferde ordentlich antreibt.
Zum Beispiel:
»Wenn die Post zu langsam ist,
stinkt der Brief nach Pferdemist.«
Oder:
»Im Wilden Westen kann's passieren, dass Postboten, die nicht parieren, eins, zwei und drei ins Grab marschieren. Drum, Postbote, lauf lieber schnell, und bring die Post zur rechten Stell, dann kriegst du auch nichts auf dein Fell!«

Einladung zur Wildwestparty

Liebe . . . .

Wenn die Sichel des Neumondes über der schwarzen Tanne am Pocahontasfelsen steht, also genau am . . . . feiere ich mit Hexe Lilli und dir mein abenteuerliches Wildwestfest.

Mein Wigwam ist aufgestellt in . . . .

Das Powwow beginnt um . . . . . . Uhr und um . . . . . Uhr wird die letzte Friedenspfeife erloschen sein.

Also, begrabe dein Kriegsbeil und lasse deinen Colt einrosten. Bringe nur dein Indianer- oder Wildwestkostüm und eine große Portion Mut mit!

Lilli the Hex und . . . .

Deko, Kostüme + Schminke

Cowboys und Indianer lieben die Weite der Prärie. Sucht euch also eine schöne Wiese im Garten oder im Park. Zieht eure Cowboy- und Indianerkostüme vom letzten Faschingsfest an. Malt bunte Streifen und Muster auf Wangen und Stirn. So zeigt ihr, zu welchem Stamm ihr gehört. Cowboys und Cowgirls dürfen sich natürlich auch bemalen.
Die Erwachsenen bauen inzwischen einen Grill auf und kümmern sich um das Lagerfeuer.

Das Stirnband

★ Wellpappe
★ Farbe und Pinsel
★ Bürotacker

Aus Wellpappe Streifen ausschneiden und mit Indianermustern bemalen. Tackert die Stirnbänder so an der Schmalseite zusammen, dass sie fest auf der Stirn sitzen.
Ihr könnt die Stirnbänder mit Federn oder Gräsern oder Blättern verzieren. Steckt die Stiele in die Rillen der Wellpappe.

Ein Blasrohr

★ Holunderzweig
★ Holunderbeeren

Den Zweig auf 10 cm Länge schneiden und das Mark herausstoßen. Deine »Munition« sind Holunderbeeren.

Deko, Kostüme + Schminke

Der Bogen

✶ 1 gerader Ast (1 m bis 1,5 m lang)
✶ Taschenmesser
✶ Schnur

Für einen Bogen brauchst du einen etwa fingerdicken, geraden Ast, am besten von einem Haselnussstrauch. Schneide den Bogen auf die richtige Länge. Kerbe ihn an beiden Enden ein. Lege die Bogenschnur in die Kerbe und knote sie fest. (Sie soll ungefähr 15 cm kürzer sein als der Bogen.) Mache in das andere Ende der Schnur eine kleine Schlaufe. Biege den Bogen so, dass du die Schlaufe in die andere Kerbe einhängen kannst.

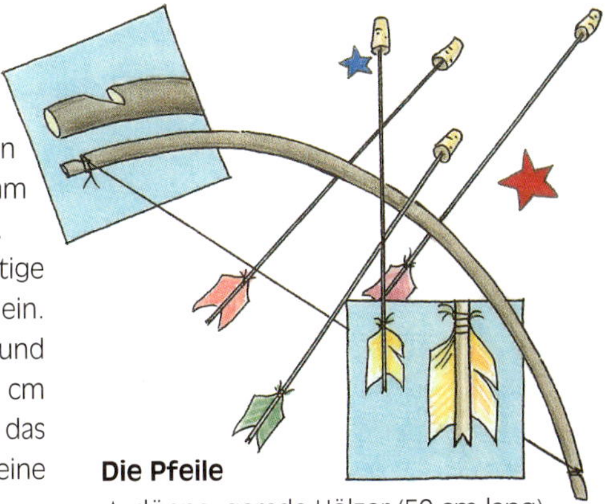

Die Pfeile

✶ dünne, gerade Hölzer (50 cm lang)
✶ Federn

Schneide in das eine Ende eine Kerbe, sodass du deinen Pfeil später auf die Bogenschnur setzen kannst. Den Pfeil mit Federn verzieren und auf die Spitze einen Korken stecken – wegen der Verletzungsgefahr.

Das Tipi

✶ heruntergefallene Äste
✶ Schnur
✶ Decken und Tücher

Baut euch ein Indianerzelt (Tipi) oder eine Hütte aus trockenen Ästen. Die Äste müssen ungefähr 2 m lang und recht gerade sein. Steckt sie in den Boden und bindet sie mit Schnur zusammen. Verkleidet euer Tipi mit bunten Decken und Tüchern.

Spiele, Spiele, Spiele

Hufeisen werfen

- ★ Hufeisen
- ★ Stock

Steckt den Stock fest in den Boden und zieht einen Kreis um ihn herum. Dann noch in einiger Entfernung eine Linie auf dem Boden markieren. Jeder darf fünfmal mit dem Hufeisen werfen. Wer schafft es, das Hufeisen so zu werfen, dass es den Stock umschließt?

Wildpferde fangen

- ★ Streifen aus Krepppapier
- ★ Luftballons
- ★ Schnur

Bildet zwei Gruppen: die Wildpferde und die Cowboys. Die Wildpferde binden sich um das linke Fußgelenk einen langen Papierstreifen, die Cowboys eine Schnur, an der ein aufgeblasener Luftballon festgeknotet ist.

Die Cowboys versuchen nun die Pferde am Papierschwanz zu packen. Es genügt aber auch, auf den Schwanz zu treten, sodass er abreißt.

Aber Vorsicht! Die Wildpferde sind gefährlich. Wenn sie den Luftballon zum Platzen bringen, ist der Cowboy verletzt und muss ausscheiden.

Spiele, Spiele, Spiele

Umzingeln

Bildet zwei Gruppen. Die größere Gruppe, die Cowboys, sitzt mit geschlossenen Augen in einem Kreis auf der Erde. Einer zählt laut bis zehn. In dieser Zeit schleichen sich die Indianer an und setzen sich direkt hinter die Cowboys.

Jeder Cowboy, der glaubt, dass hinter ihm ein Indianer sitzt, schreit kurz auf. Wer irrtümlich um Hilfe ruft, scheidet aus.

Marterpfahl

Der Indianer sitzt vor dem Marterpfahl; er schließt die Augen und zählt bis 50. In der Zwischenzeit verstecken sich die Bleichgesichter in der Prärie. Der Indianer beginnt zu suchen. Findet er jemanden, muss der sich an den Marterpfahl stellen. Der Indianer sucht weiter. Das gefangene Bleichgesicht kann befreit werden, wenn sich ein anderes Bleichgesicht unbemerkt anschleicht und den Gefangenen »freiklopft«.

»Friedenspfeife«

✶ Blumendraht
✶ Holzstock

Einen Blumendraht locker um einen anderen wickeln. Einen Kreis von etwa 4 cm Durchmesser biegen. Dann den Drahtring mit Schnur oder Draht am Holzstock befestigen. Setzt euch im Kreis auf die Erde und lasst eure »Friedenspfeife« reihum gehen. Taucht sie dabei in die Seifenlauge und blast euren »Seifenblasenrauch« in den Himmel.

Seifenblasenlauge

✶ 1/2 l Wasser
✶ 100 ml Spülmittel
✶ eventuell
1/2 Esslöffel
Tapetenkleister

Leckere Snacks + Drinks

Lagerfeuerbrote

- Hefeteig
- Holzstöcke
- etwas Mehl
- etwas Öl

Teile den aufgegangenen Teig in acht Kugeln. Streue etwas Mehl auf die Arbeitsplatte und rolle jede Kugel zu einer langen Wurst. Wickle die Teigwürste um die Stöcke und bepinsle sie mit etwas Öl. Drehe die Stockbrote so lange über der Glut, bis sie rundherum braun sind.

Heiße Präriegurken

- Bananen
- Zucker und Zimt

Legt Bananen auf die noch heiße Glut. Nehmt sie wieder herunter, wenn die Schale dunkel ist. Öffnet die Schale. Streut Zucker und Zimt auf die Banane und löffelt sie aus der Schale.

Nuggets

- Kartoffeln
- Alufolie

Koche die Kartoffeln ungefähr 15 Minuten vor. Wickle sie danach einzeln in Alufolie und lasse sie in der heißen Glut gar werden.

Leckere Snacks + Drinks

Gegrillte Bärentatzen

* ✶ Würstchen
* ✶ Holzspieße

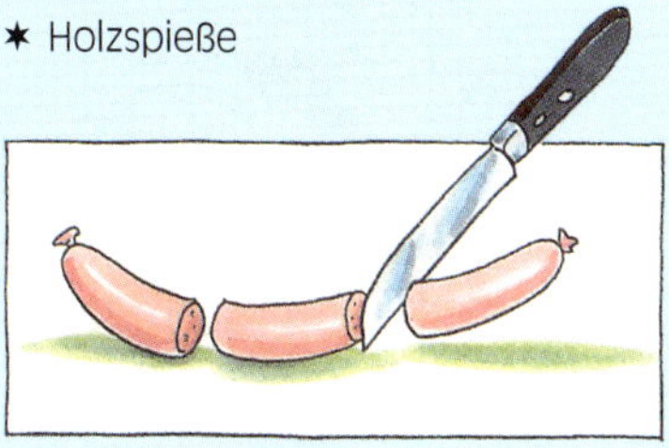

Schneidet Fleischwürstchen in drei gleich große Teile.

Dann die Wurststücke an den Schnittflächen über Kreuz einschneiden.

Spießt sie in der Mitte auf und haltet sie über das Lagerfeuer (den Grill). Die Enden biegen sich dann nach außen.

Feuerwasser

* ✶ Tomatensaft
* ✶ Tabasco
* ✶ Pfeffer

Den Tomatensaft mit einem Spritzer Tabasco würzen und obenauf eine Prise Pfeffer schwimmen lassen.

Hexe Lillis unheimliche Mumienparty

Ein eiskalter Hauch weht aus der Gruft. Wer wagt es, in die Pyramide zu steigen und die Mumie aus ihren Binden zu wickeln? Wer kennt den Fluch der Mumien? Und warum wurde noch nie eine wirklich bedeutende Mumie entdeckt – Cheops nicht und Chefren nicht, obwohl sie doch in den bedeutendsten Pyramiden beerdigt worden sind. Was wurde aus den Grabräubern, die versucht haben in die Grabkammern einzudringen? Rätselhaft ist die Geschichte der alten Ägypter. Selbst modernste Technik und Wissenschaft vermögen es nicht, der Sphinx ihre Geheimnisse zu entreißen. Genau der richtige Stoff also, um die spannendsten Gruselgeschichten daraus zu spinnen – oder Gruselfeste zu feiern. Das ist natürlich nichts für schwache Nerven!

Für diese Party solltest du deine Gästeliste also sehr sorgfältig zusammenstellen. Für einige von deinen Freunden könnte es vielleicht zu aufregend werden. Denn: Mit Mumien ist nicht zu spaßen!

Einladung zur Mumienparty

Welche Leiche wird niemals alt,
obschon sie seit 4 000 Jahren kalt?
Hast du's erraten, dann zeig ich sie dir,
komm am .... um .... zu mir.
Lasse uns mit Mumien tanzen und lachen
und gruselig lustige Sachen machen!

Mein Name: ....
Meine Gruft: ....

HPS: Der KNISTERminister warnt: Diese Gruselparty könnte Ihre Nerven belasten. Zu Risiken und Nebenwirkungen befragen Sie Ihren Hausarzt oder Pharao.

Deko, Kostüme + Schminke

Ins Innere einer noch unentdeckten Pyramide hast du deine Freunde eingeladen. Sie erscheinen in den Gewändern von Cheops, Echnaton und Cleopatra. Lassen die alles so gespenstisch erscheinen? Oder ist es das Packpapier mit den aufgemalten Hieroglyphen und magischen Zeichen ringsum? Was verbirgt sich Geheimnisvolles unter den weißen Bettlaken? Sind es nur die Möbel deines Kinderzimmers oder Unwesen aus dem Totenreich?

Mumien

- weiße Bettlaken
- Fingerfarben

Alle Gäste bringen ein weißes Bettlaken mit. Wickelt die Laken über eure Kleidung, sodass ihr euch noch gut bewegen könnt. Schminkt die Gesichter mit weißer Fingerfarbe und umrandet die Augen schwarz.

Die Partygäste sollten sich nicht scheuen, sich mit viel Schmuck prächtig herauszuputzen. Goldene Bänder, um die Oberarme gewickelt, machen Eindruck, breite Hüftgürtel aus schwarzem Krepppapier, weiße Beduinenhandtücher, mit Kordeln am Kopf gehalten, lassen Gruftistimmung aufkommen.

Spinnennetze

- weißes und graues Krepppapier
- Schere und Klebestreifen

Krepppapier abrollen und dann in drei Bögen zerschneiden (jeder ca. 80 cm lang). Die Bögen flach aufrollen. An jeder Seite aus der Rolle

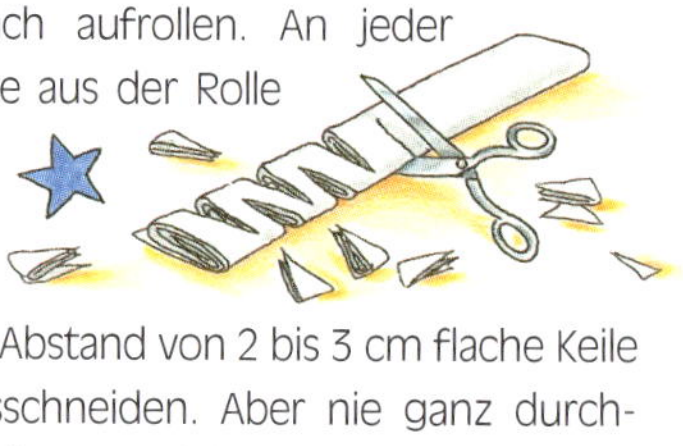

im Abstand von 2 bis 3 cm flache Keile herausschneiden. Aber nie ganz durchschneiden! Vorsichtig abrollen und mit Klebestreifen befestigen.

Deko, Kostüme + Schminke

Kreuzspinnen

- ✶ runde Luftballons
- ✶ schwarzes oder graues Tonpapier (DIN A4)
- ✶ wasserfester schwarzer Filzer
- ✶ weißes Gummigarn

Luftballons aufblasen. Dann die Luft so weit wieder rauslassen, bis die Ballons auf die Größe geschrumpft sind, die die Spinnenkörper haben sollen. Zuknoten. Für jede Spinne vier schmale Streifen von der langen Seite des Tonpapiers abschneiden.

Die Streifen kreuzförmig übereinander legen und zusammenkleben. Spinnenkörper draufsetzen und festkleben. Dann mit dem Filzer anmalen. Die »Beine« etwas knicken. Gummifaden anknoten und die Spinne daran aufhängen.

Geister-Finger

- ✶ weißes Papier
- ✶ schwarzer Filzstift
- ✶ durchsichtiges Klebeband

Das Papier in Streifen schneiden (6 x 12 cm).

Jeden Streifen fest über einen runden Stift rollen. Rolle abnehmen, auf einen Finger stecken und so lange drehen, bis eine Spitze entsteht. Dann die Ecke mit Klebeband befestigen. Schwarze Fingernägel aufmalen.

Spiele, Spiele, Spiele

Mumien wickeln

★ Klopapierrollen

Bildet zwei Gruppen: die Mumien und die Priester. Die Mumien stellen sich aufrecht hin. Die Priester müssen ihre Mumien von Kopf bis Fuß in Klopapier einwickeln.

Wer ist die schönste Mumie?

Die Mumien hüpfen

★ Bettlaken

Legt das Bettlaken auf den Boden. Stellt euch in die Mitte darauf. Zieht das Laken hoch und haltet es mit beiden Händen fest. Jetzt mit beiden Füßen gleichzeitig loshüpfen.

Hieroglyphen

★ Packpapier

★ Filzstifte

Jedes Kind bekommt ein Stück Packpapier, auf dem ein Text steht. Er ist natürlich nicht in normalen Buchstaben geschrieben, sondern in Hieroglyphen. Der Buchstabe K wird , P wird  und so weiter.

Wer seinen Text entschlüsselt hat, malt selber eine kleine Geschichte auf. Diese Hieroglyphen sind natürlich eine tolle Dekoration.

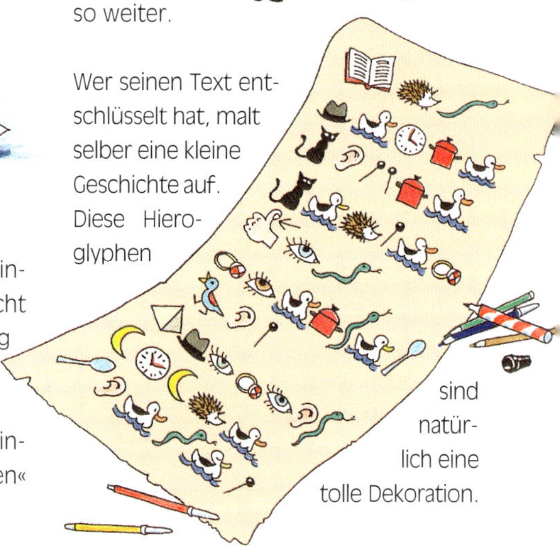

Die geheimnisvolle Statue

★ Augenbinden (Tücher)

Bildet Zweiergruppen. Ein Kind verbindet sich die Augen. Das andere sucht sich eine bestimmte Körperhaltung aus und »versteinert«. Das »blinde« Kind tastet das »versteinerte« Kind ab und versucht die gleiche Haltung einzunehmen. Dann wird dem »blinden« Kind die Augenbinde abgenommen.

Spiele, Spiele, Spiele

Reise in die Unterwelt

- 2 leere Konservendosen
- Schnur
- Hammer und Nagel

Schlagt mit dem Nagel zwei Löcher in die leeren Konservendosen und zieht durch jede Konservendose ein Stück Schnur.

Der tote Pharao stellt sich auf die Dosen. Mit der Schnur bindet er sie an den Füßen fest. Auf dem Boden ist mit Kreide ein schmaler Weg in die Unterwelt markiert. Außerdem gibt es Hindernisse, die überwunden werden müssen. Der Pharao macht sich auf den Weg. Aber Vorsicht: Überall lauern Gespenster! Sie pusten, jammern und kichern. Berühren dürfen sie den Pharao nicht. Ob sie es schaffen, ihn zu erschrecken und vom Weg abzubringen?

Das Begräbnis des Pharao

Der große Pharao Cheops ist gestorben. Was nimmt er mit ins Pyramidengrab? Ein Kind fängt an: »Cheops nimmt seine Lieblingskatze mit.« Das nächste Kind sagt: »Cheops nimmt seine Lieblingskatze mit und einen Korb Äpfel.« Das dritte Kind sagt: »Cheops nimmt seine Lieblingskatze mit, einen Korb Äpfel und seinen Königsstab.« Jedes Kind fügt etwas hinzu. Die vorher genannten Dinge müssen immer wiederholt werden.

Leckere Snacks + Drinks

Isis und Osiris

Rote Grütze (Isis)
(für 8 Personen)

- ★ 2 Päckchen Vanillepudding
- ★ 1 Glas Sauerkirschen
- ★ 0,75 l schwarzer Johannisbeersaft
- ★ 2 Päckchen Tiefkühlbeerenmischung

Die Sauerkirschen in ein Sieb schütten, den Saft auffangen. Das Puddingpulver mit acht bis zehn Esslöffeln Saft anrühren. 0,25 l Kirschsaft zum Johannisbeersaft gießen und zum Kochen bringen. Dann vom Herd nehmen und das angerührte Puddingpulver mit dem Schneebesen einrühren. Alles unter Rühren zum Kochen bringen. Wieder vom Herd nehmen. Sauerkirschen und gefrorene Beeren einrühren . . . und schon mal probieren!

Achtung!
Bei der Vanillesoße nicht
Salz statt Zucker verwenden, sonst
schmeckt sie nach
Mumienschweißfuß.

Vanillesoße (Osiris)

- ★ 1/2 l Milch
- ★ 2 Esslöffel Zucker
- ★ 1 Päckchen Soßenpulver Vanille

Verrühre das Soßenpulver und den Zucker mit zwei Eßlöffeln Milch. Bringe die übrige Milch zum Kochen. Gieße das angerührte Soßenpulver hinein und lasse es kurz aufkochen.

Leckere Snacks + Drinks

Mumifizierter Toast

- ✶ 8 Toastscheiben
- ✶ 8 Scheiben gekochter Schinken
- ✶ 8 Scheiben Käse (Gouda)
- ✶ 8 Scheiben Ananas (aus der Dose)
- ✶ Butter oder Margarine

Die Ananasscheiben aus der Dose nehmen und abtropfen lassen. Toaste die Brotscheiben hellgelb und bestreiche sie dünn mit Butter oder Margarine. Mit dem Schinken und den Ananasringen belegen und mit den Käsestreifen abdecken.

Den Toast im Ofen bei 150 Grad backen, bis der Käse geschmolzen ist.

An Stelle der Ananas könnt ihr auch Birnenhälften oder Tomatenscheiben nehmen.

Apfel im Mumienrock

- ✶ Pro Kind ein Apfel
- ✶ Tiefkühl-Blätterteig
- ✶ Aprikosenmarmelade
- ✶ Eigelb

Schneide den Blätterteig in lange Streifen. Schäle die Äpfel, steche das Kerngehäuse aus und fülle sie mit Marmelade. Dann umwickle die Äpfel gleichmäßig mit dem Teig und bestreiche sie mit Eigelb. Backe die Äpfel bei mittlerer Hitze etwa 30 Minuten. Am Schluss mit Puderzucker bestäuben.

Ewigkeitstrunk

Für ein Kind:

- ✶ 1 Glas Milch
- ✶ 1 Esslöffel Schokopulver
- ✶ 2 Esslöffel zerhackte Marshmallows
- ✶ 1 Prise Zimt

Verrühre die Zutaten gut.

HEXE LILLIS STÜRMISCHE PIRATENPARTY

Wer von uns ist nicht reif für die Insel? Ich meine eine Insel, auf der man die stressige Schule und die nörgelnden Eltern vergisst und zu der nur die wildesten Piratinnen und die verwegensten Piraten Zutritt haben.

Du musst wissen, mit Piraten kenne ich mich aus. Ich bin mal mit Kapitän Bartbacke und dem gefürchteten Desaforado durch die tiefblaue See der Karibik geschippert und an der geheimen Schatzinsel vorbeigeschrammt. Das war eines meiner spannendsten Abenteuer. Wäre das nicht eine prächtige Kulisse für ein Piratenfest? Lasse dich von mir auf die Insel entführen. Also – Segel hoch, Anker auf! Auch Landratten sind herzlich willkommen.

EINLADUNG ZUR PIRATENPARTY

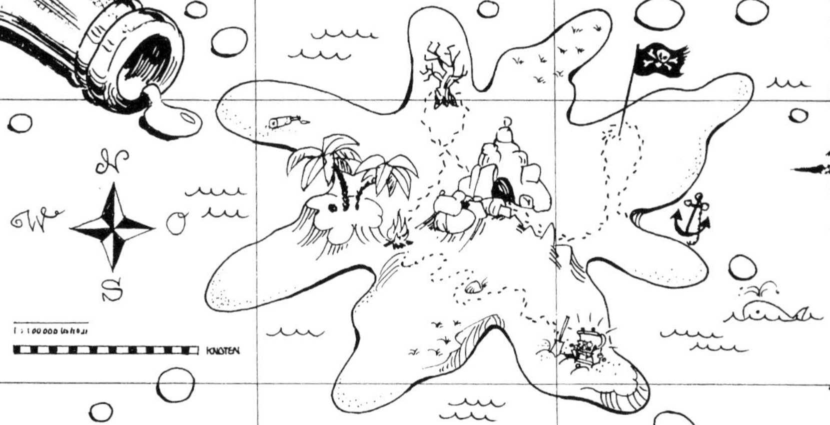

AHOI KLABAUTERMANN UND SÜDSEEDORSCH!

WENN DU DER/DIE ....

BIST, DANN IST MEINE FLASCHENPOST AN DEN RICHTIGEN UFERN GESTRANDET. SO ODER SO, JETZT BIST DU EINGELADEN! DIE STARTFLAGGE WIRD UM .... UHR GLEICH NEBEN DER PIRATENFLAGGE .... GEHISST. ABER KANIBALA SPILUNKA! MACH DICH AUF EIN MORDSPIRATENSPEKTAKEL GEFASST.

ACHTUNG! UM .... UHR FÄLLT HEIN BLÖD MIT SEINEN LANDRATTEN EIN. FÜR UNS PIRATEN IST ES DANN BESSER, ABZUDREHEN UND IN RICHTUNG HEIMATHAFEN ZU SEGELN.

KÄPT'N ....

DEKO, KOSTÜME + SCHMINKE

An der Haustür weht den Gästen die schwarze Piratenflagge entgegen. Und wenn sie erst in deine Piratenfesthöhle kommen, verschlägt es allen die Sprache. Mit Betttüchern als Sonnensegel, mit Seilen und Kisten, Steinen und Muscheln (vom letzten Badeurlaub) hast du das Zimmer abenteuerlich hergerichtet.

Piratenflagge

* schwarzer Stoff (50 x 30 cm)
* weißer Stoff oder Papier
* Textilkleber

Schneide einen Totenkopf und Knochen aus weißem Stoff oder Papier aus. Klebe beides mit Textilkleber auf den schwarzen Stoff. Befestige die Piratenflagge an einem dünnen Ast oder an einem Besenstiel.

Knallige Karibik-Kostüme

Die Piraten sind ein buntes Volk. Genauso wild wie ihr Leben ist ihr Outfit: weite Blusen, Westen, gemusterte Kopftücher, abgeschnittene Hosen, großer Schmuck, Schärpen, Säbel, Pistolen, Flinten; aber auch Fernrohre und Kochlöffel gehören zu ihrer Grundausstattung.

Tohuwabohu-Schminke

* schwarze wasserlösliche Schminke
* dicker Borstenpinsel
* feiner Pinsel

Mit dem Borstenpinsel schwarze Farbe auf Kinn und Oberlippe tupfen, sodass sie aussieht wie Bartstoppeln. Male mit dem feinen Pinsel eine rote Narbe auf deine Wange.

DEKO, KOSTÜME + SCHMINKE

Schlitzdichauf-Enterdolch

- ✶ Wellpappe
- ✶ dünne Pappe (3 x 10 cm)
- ✶ Zeitschriftenpapier
- ✶ Kleister

Schneide aus der Wellpappe einen 3 x 25 cm langen und vier 3 x 10 cm lange Streifen aus.

Schneide die Ecken an einem Ende des langen Streifens so ab, dass du eine Spitze erhältst.

Klebe an der anderen Seite des langen Streifens beidseitig die kurzen Streifen auf. Das ist der Griff.

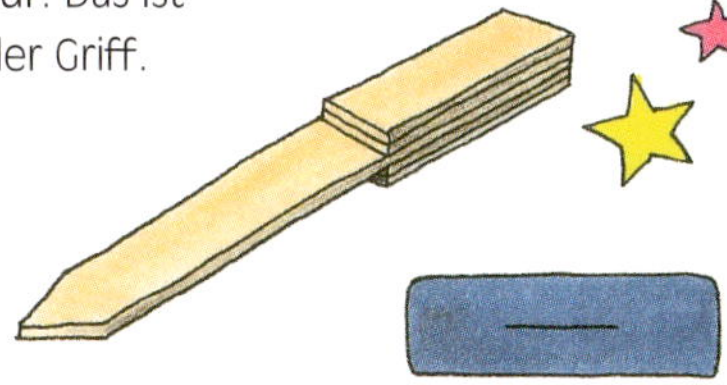

Schneide den Handschutz aus der dünnen Pappe aus und schlitze ihn 3 cm lang ein. Schiebe den Handschutz über die »Klinge« und klebe ihn fest.

Beklebe den Handgriff des Dolches mit bunten Papierstreifen.

Desaforados Augenklappe

- ✶ schwarzer Filz
- ✶ schwarzes Gummiband
- ✶ Klebstoff

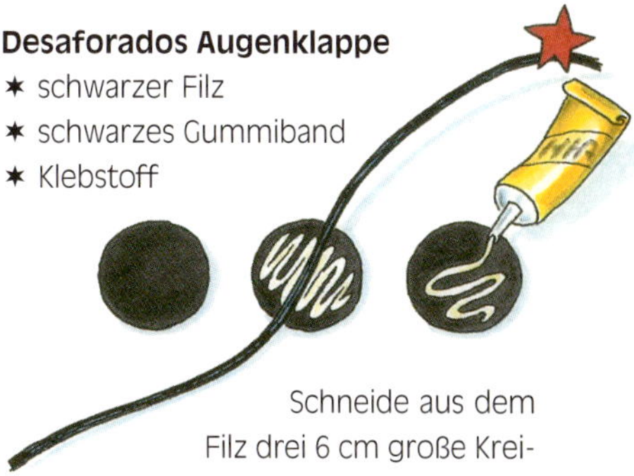

Schneide aus dem Filz drei 6 cm große Kreise aus. Schneide ein für deinen Kopf passendes Gummiband ab. Klebe es auf einen Filztaler. Den nächsten Taler mit Kleber einstreichen und draufkleben. Mit dem dritten Taler verfährst du genauso. Gummiband um den Kopf knoten!

Käpt'n Bartbackes Piratenhut

- ✶ schwarzes Tonpapier (40 x 50 cm)
- ✶ Kleber
- ✶ Deckweiß

Falte den Bogen auf die Hälfte und knicke zwei Ecken nach innen. Klappe den Rand nach oben, schlage die Ecken nach hinten um und klebe sie fest. Den Hut mit Deckweiß bemalen.

SPIELE, SPIELE, SPIELE

Schatzsuche

* Haushaltseimer
* feiner Sand
* »Schatz«
  (z. B. eine Perle)
* Esslöffel

Den Sand in den Eimer füllen und dann dort den Schatz verbuddeln. Jeder Pirat darf eine Minute lang mit dem Löffel nach dem Schatz graben. Hat er ihn dann noch nicht gefunden, ist der nächste dran.

Die Einäugigen

* Für jedes Kind
  eine Piraten-Augenklappe
* verschieden hohe Gläser
* 1 Flasche mit Wasser

Die Gläser nebeneinander stellen, aber nicht in eine gerade Reihe. Setzt eure Augenklappen auf und versucht die Gläser mit Wasser zu füllen, ohne etwas zu verschütten.

Die schrumpfende Insel

* 1 großer Bogen Zeitungspapier

Ein Kind spielt das Meer, die anderen sind schiffbrüchige Piraten. Das ausgebreitete Zeitungspapier ist eine kleine Insel im tosenden Meer. Die schiffbrüchigen Piraten haben sich auf diese Insel gerettet. Das Meer reißt kleine Stückchen vom Rand der Insel ab. Die Piraten müssen immer dichter zusammenrücken. Manche stehen auf einem Bein, andere werden huckepack genommen. Wie lange können sich die Piraten halten?

SPIELE, SPIELE, SPIELE

Angelspiel

* Holzstäbe
* Schnur
* Büroklammern
* Korken
* Ringschrauben
* Farbe und Pinsel
* Pappkarton

Von der Schnur 50 cm abschneiden und an einem Ende eine Büroklammer befestigen. Biegt die Klammer leicht auseinander. Bindet das andere Ende der Schnur an einen Stock. Das ist die Angel.

Dann in jeden Korken eine Ringschraube drehen. Bemalt die Korken mit Fischen, einer Schatztruhe, einem Rumfass, einem alten Schuh usw. Stellt die Korken in den Pappkarton und fangt an zu angeln.

Piratenschlacht

Für jedes Kind

* 2 Pappohrringe (Durchmesser ca. 4 cm)

Einige Piraten nehmen andere huckepack. Dann versucht ihr euch gegenseitig die Ohrringe (werden einfach aus Pappe ausgeschnitten und ins Ohrläppchen geklemmt) zu stibitzen. Wer kann die meisten Ohrringe erbeuten?

LECKERE SNACKS + DRINKS

Schiffszwieback mit Maden

Für 8 Piraten:

- ✶ 1 Ei
- ✶ 4 Esslöffel Zucker
- ✶ 100 g Butter
- ✶ 4 Esslöffel Mehl
- ✶ 6–7 Esslöffel Haferflocken
- ✶ Schokostückchen (die »Maden«)
- ✶ Backpapier

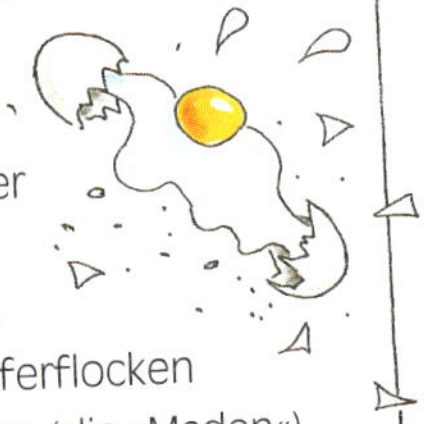

Schlage Ei und Zucker schaumig. Gib die weiche Butter in kleinen Stückchen dazu und verrühre sie. Rühre das Mehl unter. Gib die Haferflocken und die Schokostückchen dazu. Knete alles mit den Händen durch.

Dann einen Bogen Backpapier auf das Backblech legen und anschließend aus dem Teig kleine Kugeln rollen. Lege diese auf das Backblech und drücke sie flach. Den Schiffszwieback im vorgeheizten Backofen etwa 15 Minuten backen, und zwar bei 180 Grad/ Gas Stufe 3.

Piratenpunsch

- ✶ 2 Flaschen Orangensaft
- ✶ 2 Flaschen Mineralwasser
- ✶ 1 Dose Pfirsiche oder 5 Nektarinen

Nimm die Pfirsichhälften aus der Dose (oder schäle die Nektarinen). Schneide die Früchte in schmale Streifen und gib sie in eine große Schüssel. Gieße Orangensaft, Wasser und Pfirsichsaft darüber.

LECKERE SNACKS + DRINKS

Piratenschmaus

- 1 Baguette
- 20 Würstchen
- 2 Baguettebrötchen
- Majonäse und Ketschup
- Senf

Das Baguette in Stücke schneiden. Ordne das Brot und die Würstchen auf einer Platte so an, dass ein gefährlich aussehendes Fischgerippe entsteht. Mit Ketschup, Senf und Majo malst du die Augen und Verzierungen.

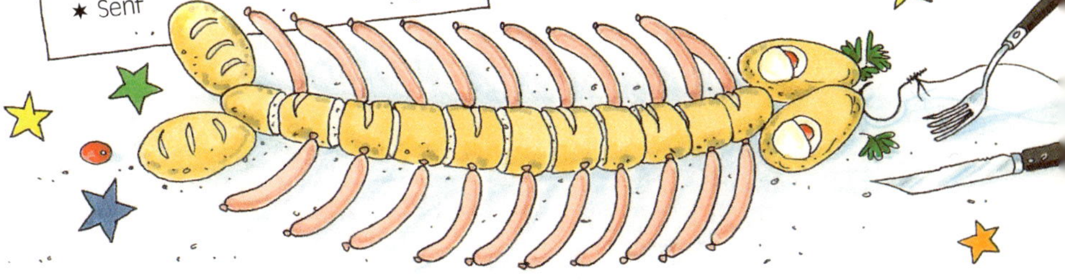

Melonenboote

- Wassermelone
- 250 g Erdbeeren
- 2 Bananen
- 1 Zitrone

Lasse einen Erwachsenen die Melone halbieren. Entferne die Kerne mit einem Löffel. Löse das Fruchtfleisch heraus und schneide es klein. Dann wäschst du die Erdbeeren und schälst die Bananen. Alles klein schneiden. Das Obst mit dem Zitronensaft mischen und in die ausgehöhlten Melonenboote füllen.

Stecke in das Boot einen Holzspieß und befestige daran Segel und Piratenflagge.

Hexe Lillis intergalaktische Weltraumparty

Setze deinen Raumfahrerhelm auf (zur Not geht's auch mit dem Fahrradhelm) und mache dich bereit. Schließe die Augen und lasse dich in die unendlichen Tiefen des Weltalls beamen. Wo wirst du landen? Bei Mister Spuk und seinen Vulkaniern? Bei Fürst Pückler, dem eiskalten Herrscher der Himbeereisgalaxis? Oder wird Peterchen, der Mondfahrer, dich an die Hand nehmen? So oder so, ich werde mit dir zusammen dafür sorgen, dass deine Weltraumparty raketenmäßig durchstartet. Und wie es sich für ein richtiges Weltraumabenteuer gehört, musst du mit allem rechnen; mit allem von A bis Z – von Astronautenkost bis Zombieplanet.

Einladung zur Weltraumparty

Auszug aus dem Computerlogbuch an Bord des interstellaren Raumschiffes Galaktika.

Nachricht von .... an ....

Am .... feiere ich mit der Lilli-Crew um .... Uhr Hyperraumzeit meine ....te Sternengeburt.

Die genauen Raumkoordinaten sind

......................-Strasse Nr. ....

ab .... Uhr bitte alle Teilnehmer bereithalten zum Zurückbeamen. Klonginen melden sich bitte per Telekinese vorher bei Kapitän HX. Lilli. Strahlende Laune erwünscht. Strahlenwaffen nicht zugelassen.

Deko, Kostüme + Schminke

Ihr feiert irgendwo in der unendlichen Weite des Weltraums entweder auf einer Sternenbasis, in einer Raumstation oder gar in einem Ufo. Mit Alufolie lässt sich fast jedes Kinderzimmer so verwandeln, dass es rätselhaft galaktisch aussieht (weitere Tipps unter: »Intergalaktische Dekoration«). Manche Radios haben Kurzwelle. Dort fiept und piepst es wie aus den Tiefen des Weltalls. Stellt in euer Partyraumschiff mehrere Radios mit unterschiedlichen Piepsereien. Das klingt echt wild!

Intergalaktische Dekoration

Hängt blaue Luftballons, Alustreifen und Tücher in eurer Raumstation auf. Hüllt alle Lampen in dünnen blauen Stoff oder durchsichtige blaue Folie. Füllt große blaue Müllsäcke mit zerknülltem Zeitungspapier und schnürt sie ein. Das sind eure Sitzmodule.

Glitzernde Sterne und Monde hängen von der Decke. In mit Wasser gefüllten Schalen schwimmen geheimnisvoll leuchtende Objekte (das sind Schwimmkerzen der Teelichter).

Deko, Kostüme + Schminke

Intergalaktische Schminke

Schminke braucht ihr vor allem für die Aliens, also die nichtmenschlichen Wesen. Sie haben oft eine grüne oder blaue Gesichtsfarbe. Nehmt Faschingsschminke und viel Schminkglitter. Manche Wesen haben auch Punktnarben im Gesicht.

Kopfputz

Auf dem Kopf könnt ihr eine Badekappe tragen. Stopft Watte darunter, so wird der Kopf größer oder bekommt eine andere Form.

Ihr könnt auch Pfeifenreiniger (aus dem Tabakladen) an einem Haarreif befestigen, schon habt ihr knubbelige Antennen wie die Andorianer. Oder ihr setzt einfach eure Fahrradhelme auf. Wenn ihr dann noch einen Damenstrumpf über Helm und Gesicht zieht, seht ihr aus wie Käpt'n Sloggi Longline. Echt cool!

Intergalaktische Kleidung

Gürtel

Riemen und Schnalle mit Alufolie umwickeln.

Im Weltall ist nichts unmöglich!
Auf dem Trojataplaneten trägt man zum Beispiel Schwimmflossen kombiniert mit Kommunionkleid und Taucherbrille. Mit eng anliegenden Leggins, die in Papas Gummistiefeln stecken, ist man in jeder Weltraumbar willkommen. Mamas Badeanzug, über Jeans und T-Shirt gestreift, ist auf Alpha Centauri der letzte Schrei!

Schulterpolster

Für Käpt'n Kix ganz wichtig. Einfach auf der Schulterpartie mit Sicherheitsnadeln feststecken. Mit Knöpfen oder Sternen verzieren.

Spiele, Spiele, Spiele

Tritanium

Auf Argus X herrscht tiefe Finsternis. Aber hier gibt es Tritanium, ein kostbares Metall. Luxianer und Klonginen wollen möglichst viel davon in ihren Besitz bringen.

- 2 Löffel
- 2 Töpfe oder Schüsseln
- Zeitungspapier
- Augenbinden

Knüllt Zeitungspapier zu Kugeln zusammen. Verstreut sie auf dem Boden. Bildet zwei Mannschaften. Ein Luxianer und ein Klongine landen auf Argus X. Beiden sind die Augen verbunden (Finsternis), beide haben einen Topf in einer Hand und einen Löffel in der anderen. Sie versuchen möglichst viel Tritanium mit dem Löffel in den Topf zu schaufeln. Ihre Mannschaft kann sie mit »Heiß«- und »Kalt«-Rufen unterstützen. Nach zwei Minuten müssen sie Argus X wegen Sauerstoffmangels verlassen. Sie geben ihre Ausrüstung an einen Mannschaftskameraden weiter.

Sternenbasis 513

Ein Forscherteam soll zwei Jahre auf Sternenbasis 513 verbringen. Jeder Forscher darf nur zehn persönliche Dinge mitnehmen. Ein Kind verlässt den Raum. Die anderen überlegen, was es wohl auf seine Reise mitnehmen wird, und schreiben es auf. Dann rufen sie das Kind wieder herein. Es sagt, was es mitnehmen möchte. Was stimmt überein?

Spiele, Spiele, Spiele

In gefährlicher Mission

* Augenbinden
* Zeitungspapier
* Stühle
* Plastikschüsseln mit Wasser

Bildet mehrere Zweierteams. Einer ist jeweils der Kommandant, der andere das Raumschiff. Stellt im Zimmer Stühle auf (fremde Planeten) und Schüsseln mit Wasser (Weltraummüll) und legt Zeitungspapier auf den Boden (schwarze Löcher).

Den »Raumschiffen« werden die Augen verbunden. Die Kommandanten leiten sie auf ihrem Erkundungsflug durch die ferne Galaxie. Ihre Kommandos sollen verhindern, dass die Raumschiffe an anderen Planeten zerschellen, mit dem Weltraummüll kollidieren oder gar in einem schwarzen Loch verschwinden.
Welche Raumschiffe kommen heil zurück?

Wer ist Captain Kix?

Ein Raumfahrer verlässt die Station. Die anderen sprechen sich ab. Einer ist Captain Kix, die anderen sind Androiden (von Menschen geschaffene künstliche Wesen). Die Androiden machen immer das Gleiche wie Captain Kix, z. B. sich am Ohrläppchen zupfen, in der Nase bohren . . .
Wer ist Captain Kix?

Nurasier

Alle Nurasier haben einen Sprachfehler, oder besser gesagt, einen Fachsprehler. Nurasier sagen: »Das Schaumriff stoppt. Das Fagnetmeld ist defekt. Bist du ein Webelesen? Kennst du die Bernenstasis 513?«

Leckere Snacks + Drinks

Astronautenspieße

* 250 g Kirschtomaten
* 500 g Vollkornbrot
* 200 g Frischkäse
* 1 Salatgurke
* 200 g Fleischwurst
* 1 Glas Maiskolben
* 1 Glas Silberzwiebeln

Schneide das Brot in dünne Scheiben, bestreiche es mit Frischkäse, lege jeweils zwei Scheiben aufeinander und zerschneide sie zu Würfeln. Schneide die Gurke und die Fleischwurst in fingerdicke Scheiben.

Spieße die verschiedenen Zutaten in bunter Reihenfolge auf Schaschlikspieße und wickle die fertigen Spieße einzeln in Alufolie. Wenn diese Spieße, an dünnen Fäden aufgehängt, wie schwerelos überall im Raum schweben, ist die Weltraumstimmung perfekt!

Dips sind dicke Quarksoßen, in die ihr Gemüsestreifen (z. B. Paprika, Karotten, Gurken), aber auch Kräcker und kleine Brezeln stippen könnt. Für das Grundrezept verrührt ihr ein Päckchen (250 g) Sahnequark oder Frischkäse mit einem Becher (150 g) Jogurt.

Andorianischer Dip

* 1 Bund gemischte Kräuter
* 1/2 Paprikaschote
* 1 kleine Dose Gemüsemais

Schneide die Kräuter und die halbe Paprikaschote klein. Gib die abgetropften Maiskörner dazu. Vermische das Gemüse mit dem Grundrezept und würze mit einer Prise Salz und eventuell etwas Zucker.

Klonginischer Dip

* 150 g Thunfisch aus der Dose
* 1 Esslöffel Zitronensaft

Lasse den Thunfisch abtropfen. Zerdrücke ihn mit einer Gabel. Gieße den Zitronensaft darüber. Würze mit einer Prise Salz und Pfeffer.
Vermische alles mit dem Grundrezept.

Leckere Snacks + Drinks

Gamma-4-Orange

- 1/2 Glas Orangensaft
- Mineralwasser
- Maracujasaft

Fülle das Glas zur Hälfte mit Orangensaft. Gib einen Schuss Maracujasaft hinzu. Fülle mit Mineralwasser auf.

Delta-7-Kiwi

- 1 weiche Kiwi
- 1 Prise Vanille
- 1 Glas Apfelsaft

Püriere das Fruchtfleisch der Kiwi. Gieße den Apfelsaft darüber und würze mit einer Prise Vanille.

Vulkanischer Dip

- 3 Esslöffel Tomatenketschup
- 2 kleine Gewürzgurken
- Salz und Pfeffer

Verrühre 2 EL Tomatenketschup und die in kleine Würfel geschnittenen Gurken mit dem Grundrezept und würze vulkanisch mit Salz und Pfeffer. Setze 1 EL Ketschup auf die Mitte des Dips. Ziehe mit einer Gabel eine spiralförmige rote Spur.

Alpha-5-Himbeer

- 2 Esslöffel Himbeeren
- 1 Teelöffel Honig
- 1 Glas Buttermilch

Zerdrücke die Himbeeren. Gieße die Buttermilch darüber. Gib den Honig dazu und verrühre alles.

HEXE LILLIS KUNTERBUNTE ZIRKUSPARTY

Artisten, Tiere, Sensationen! Alle, die mein Zirkusbuch gelesen haben, werden sich daran erinnern, wie ich den Zirkus durcheinander gewirbelt habe. Ihr wisst selbstverständlich, was zu einem Zirkus dazugehört: Löwen und Tiger, atemberaubende Kunststücke von Seiltänzern und Trapezakrobaten, außerdem Magier, Zauberer, Feuerschlucker und vor allem verrückte Clowns.

Natürlich macht das Zirkusspielen noch mehr Spaß als das Zuschauen. Mache aus deinem Kinderzimmer eine Manege. Wenn gegen Ende des Festes die Eltern kommen, um alle Künstler und Artisten wieder einzusammeln, könnt ihr ja sogar eine kleine Vorstellung geben. Das wird eine Attraktion! Das Geburtstagskind ist der Zirkusdirektor!

Am . . . . um . . . . Uhr

große Galavorstellung in Hexe Lillis Geburtstagszirkus.

Das Prunkzelt steht in der . . . .

Du musst unbedingt kommen, weil du eine der Hauptattraktionen bist! Bitte deine Eltern oder Lehrer nur mitbringen, wenn du sie an die Löwen verfüttern willst!

D. . . . Zirkusdirektorin . . . .

DEKO, KOSTÜME + SCHMINKE

Stelle einen Waschkorb mit Utensilien bereit, die Zirkusleute so brauchen: bunte Bänder, Luftschlangen, Tücher, Gürtel, Hüte, Regenschirme, Hosenträger, alte Kleidung deiner Eltern. Nicht vergessen: schlappe Luftballons für »Muskeln« und »dicke Bäuche« und natürlich Schminke. Bunt ausstaffiert, wirbeln dann die Seiltänzer, Gewichtheberinnen, chinesischen Pannenjongleure, Akrobaten, Zauberer und Zirkusdirektorinnen durch euren Geburtstagszirkus.

Pappnasen

* Eierkartons
* Hutgummi
* rote Farbe

Schneide die Pappnasen aus den Eierkartons aus. Male sie rot an und stich zwei Löcher hinein. Dann das Gummiband durchziehen und gut festknoten.

Zirkus-»Zelt«

* 20 Krepppapierstreifen (5 m x 7 cm)
* Schnur
* Klebestreifen

DEKO, KOSTÜME + SCHMINKE

Tiermasken

- ✶ Pappteller
- ✶ Hutgummi
- ✶ Schere
- ✶ Farbe + Pinsel

Schneide in den Pappteller zwei Löcher für die Augen und eins für die Nase. Male ein Tiergesicht auf und klebe zwei Pappohren an. Befestige das Gummiband.

Clownshütchen

- ✶ dünner farbiger Karton
- ✶ Schere
- ✶ Klebstoff
- ✶ Hutgummi

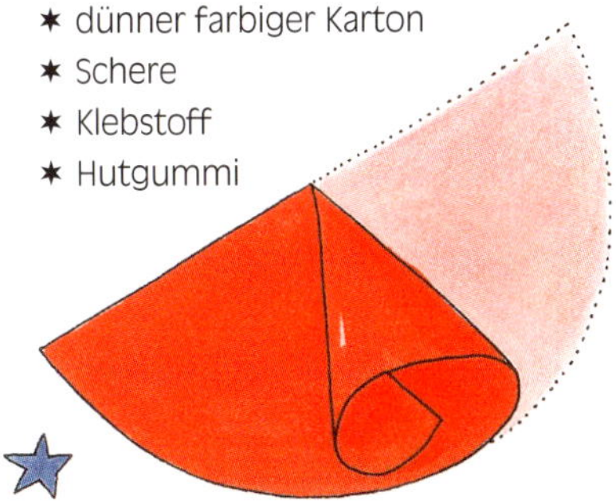

Schneide aus dem Karton große Kreise aus (Durchmesser etwa 40 cm). Halbiere die Kreise. Dann die Halbkreise zusammenrollen und festkleben. Sollen die Hüte spitzer sein, rolle sie enger.

Befestige Hutgummi wie bei den Pappnasen und bemale oder beklebe die Hütchen.

(Clownshaare: in Streifen geschnittenes Seidenpapier oder einige Büschel Osterhasengras innen am Hütchen festkleben.)

Clownsfliege

- ✶ Krepppapier
- ✶ Gummiband

Ein Stück Krepppapier (ca. 20 x 20 cm) in der Mitte zusammenhalten und dort mit einem dünnen Papierstreifen mehrmals umwickeln. Festkleben, ein Gummiband durchziehen und um den Hals binden.

Affenfüße

Die Finger von alten, großen Fingerhandschuhen ausstopfen. Mit den Füßen hineinschlüpfen und festbinden.

DEKO, KOSTÜME + SCHMINKE

Schlangenbeschwörer

* Flöte
* Nylonfaden
* dünne Pappe (21 x 21 cm)
* Brotkorb
* Stecknadel
* Filzer

Zeichne eine Spirale auf die Pappe und male sie an wie eine Schlange. Schneide sie aus und stecke das Ende gut mit der Stecknadel im Brotkorb fest. Befestige den Nylonfaden an ihrem Kopf und binde das andere Ende an die Flöte. Dann setzt du dich vor die Schlange auf den Boden und fängst an zu spielen. Wiege dich hin und her und stehe dabei ganz langsam auf . . .

Hasan, der Bauchtänzer

* bunte Tücher

Hasan tanzt mit bunten Tüchern im Gürtel durch die Menge. Nach und nach wirft er die Tücher ins Publikum. Wer ein Tuch fängt, tanzt mit.

Der starke August

* Besenstiel
* Pappkartons

Befestige an den Enden des Besenstiels Pappkartons. Male sie schwarz an, damit sie aussehen wie schwere Gewichte. Der starke August versucht mühsam das Gewicht hochzuheben. Da kommt ein Clown und nimmt es einfach unter den Arm . . .

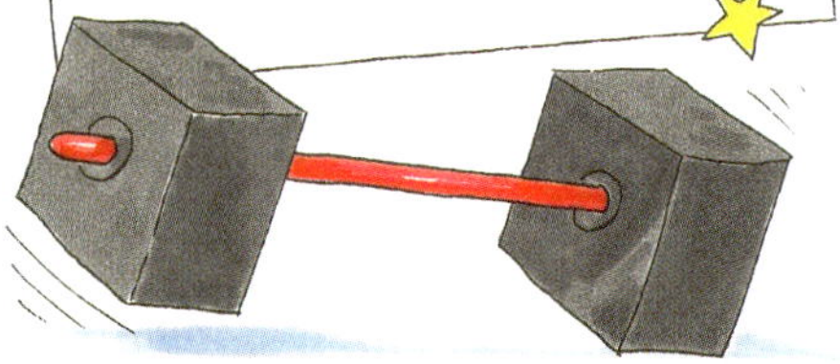

Pferdeparade

Drei Kinder bilden ein Pferd. Eins ist das Vorderteil. Es streckt beide Hände nach hinten. Die anderen beiden machen das Hinterteil. Sie stellen sich nebeneinander, beugen die Rücken und halten sich an den Händen des »Vorderteils« fest. So trabt das Pferd los. Die Zirkusprinzessin steigt barfuß auf das Pferd (sie steht mit jedem Fuß auf einem Rücken).

DEKO, KOSTÜME + SCHMINKE

Jongleure

✶ Pappbecher
✶ Tennisbälle
✶ Besenstiel
✶ Pappteller

Lege einen Tennisball auf einen Pappbecher und stelle ihn auf deine Stirn. Balanciere einen Besenstiel auf der Hand. Wenn das klappt, probiere es mit einem Pappteller auf der Spitze.

Wenn du den Pappteller mit zwei Tennisbällen am Besenstiel festklebst, wird aus der Jongliernummer eine Clownsnummer.

Feuer schlucken

Geheime Vorbereitungen: Schnitze dir aus einem geschälten Apfel ein Apfelstück so zurecht, dass es einem Kerzenstummel gleicht. Als Docht steckst du ein Walnussstückchen hinein, das wegen des darin enthaltenen Öls kurz brennt. Keine Angst vor den Flämmchen. Es erlischt, sobald du es in den offenen Mund schiebst. Weitere Zaubertricks zum Einstudieren findest du in verschiedenen Hexe-Lilli-Büchern.

Flaschen steigen

✶ 6 leere Flaschen

Baue die Flaschen in Schrittabstand hintereinander auf. Einer der Zirkusgäste darf nun zum Üben mehrmals über die Flaschenreihe steigen, weil er später diese Aufgabe mit verbundenen Augen bewältigen soll. Erst wenn die Augen verbunden sind, kommt der eigentliche Gag: Heimlich räumt ihr die Flaschen weg und könnt euch amüsieren, wie der Flaschensteiger über Flaschen steigt, die gar nicht da sind.

LECKERE SNACKS + DRINKS

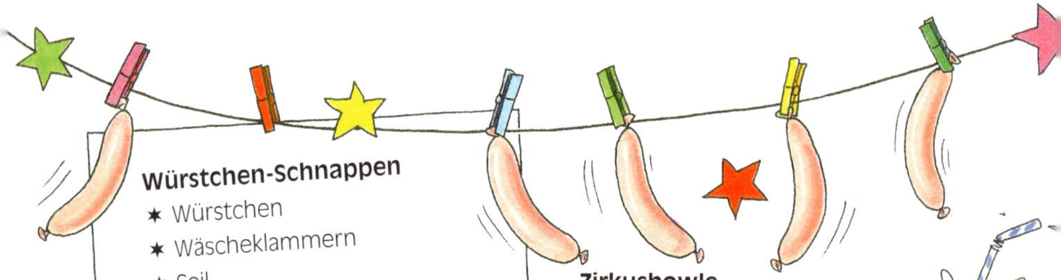

Würstchen-Schnappen

- Würstchen
- Wäscheklammern
- Seil

Befestige die Würstchen mit Wäscheklammern an einem Seil. Zwei Kinder halten das Seil und bewegen es. Die anderen Kinder springen hoch und versuchen mit dem Mund ein Würstchen zu schnappen.

Spagetti-Wettessen

- Teller mit Spagetti

Alle Mitspieler sitzen vor Tellern mit gekochten Spagetti (ohne Soße). Die Hände haben sie auf dem Rücken gefaltet. Wer hat seinen Teller zuerst leer?

Zirkusbowle

- 2 Flaschen Apfelsaft
- 1 Flasche Birnensaft
- 2 Flaschen Mineralwasser
- 2–3 Äpfel

Gieße Saft und Wasser in eine große Schüssel. Schäle die Äpfel und entferne das Kerngehäuse. Schneide die Äpfel in dünne Scheiben. Stich mit kleinen Ausstechförmchen Sterne oder andere Figuren aus dem Fruchtfleisch. Lasse sie in der Bowle schwimmen.

Schokokuss-Rennen

- Schokoküsse
- Löffel
- Stoppuhr

Lege eine Rennstrecke mit Start, Ziel und vielen Hindernissen an (z. B. Stühle, Kartons, Reifen usw.). Die Wettläufer starten mit einem Schokokuss auf einem Löffel, der nicht herunterfallen darf.

LECKERE SNACKS + DRINKS

Popcorn

- ✶ 5 Esslöffel Öl
- ✶ 100 g getrocknete Maiskörner (für Popcorn)
- ✶ 125 g Butter
- ✶ 150–200 g Honig

Ihr braucht einen großen Topf mit Deckel. Lasse einen Erwachsenen das Öl darin erhitzen, dann die Maiskörner hineinschütten und den Deckel auflegen. (Die Maiskörner sollen den Topfboden gerade bedecken.) Bewege den Topf hin und her, sobald die Körner anfangen zu platzen. Öffne den Deckel erst, wenn das Poppen aufgehört hat. Schmelze Butter und Honig in einem kleinen Topf. Gieße die Honigbutter über das Popcorn. Alles vermischen – fertig!

Schwabbelwabbelfutter

- ✶ 3 Farben Wackelpudding

Lasse den Wackelpudding in möglichst vielen verschiedenen kleinen Behältern im Kühlschrank fest werden. Nimm z. B. kleine Sandkastenförmchen, Eierbecher, Überraschungseihülsen, Eiswürfelbehälter usw. Kurz bevor der Wackelpudding ganz erstarrt ist, steckst du Rosinen, Nüsse oder Süßigkeiten in die Würfel. Zum Schluss stürzt du alles in eine große Glasschüssel.

Löwenfraß

- ✶ Tiefkühlblätterteig
- ✶ Käse
- ✶ Salami
- ✶ Eigelb
- ✶ Paprikapulver

Schneide den Blätterteig in 5 cm breite Streifen. Lege Salami- und Käsescheiben darauf. Rolle und forme das Ganze zu Knochen, bestreiche sie mit Eigelb und färbe sie mit Paprikapulver »schön blutig« ein. Backen nach Vorschrift.

Viel Vergnügen mit der Hexe Lilli!

Seit Lilli das Zauberbuch hat, gerät sie von einem Abenteuer in das andere. Jeder Band enthält viele Bilder und **echte Zaubertricks** zum Nachzaubern!

Hexe Lilli stellt die Schule auf den Kopf
Hexe Lilli macht Zauberquatsch
Hexe Lilli und der Zirkuszauber
Hexe Lilli bei den Piraten
Hexe Lilli und der Weihnachtszauber ★
Hexe Lilli wird Detektivin
Hexe Lilli im wilden Wilden Westen
Hexe Lilli und das wilde Indianerabenteuer
Hexe Lilli im Fußballfieber
Hexe Lilli und das Geheimnis der Mumie
Hexe Lilli und das Geheimnis der versunkenen Welt
Hexe Lilli und das magische Schwert
Hexe Lilli auf Schloss Dracula
Hexe Lilli auf der Jagd nach dem verlorenen Schatz ☆
Hexe Lilli und der Ritter auf Zeitreise
Hexe Lillis geheime Zauberschule
Hexe Lilli Fan-Artikel (Familienplaner, Tagebuch, Schülerkalender, Poesiealbum ...)

☛ Die **Hexe-Lilli-Geschichten** gibt es auch auf Kassetten und CD von Igel Records und BMG!

Arena

www.arena-verlag.de